I0471613

BoOoM

explosionsartig REICH!

Zünde DEINE goldene Rakete "Million Nr. 1"

Sascha *ZukunftsVisionär* Reinhardt

Sascha ZV Reinhardt

Du hast eine Einladung erhalten.

Und du hast sie angenommen. Wir beglückwünschen dich dazu, von nun an Mitglied eines Clubs zu sein, der neue Wege geht, explosive Wege geht. Wir wollen Freiheit. Für Jedermann. In jeder Hinsicht. Jetzt!

Wir beginnen mit deiner finanziellen Freiheit. Das Schöne ist, finanzielle Freiheit entspringt dem Denken und nur dem Denken. Die Gedanken sind das A und das O, und ebenso das Z.

Der Gedanke ist alles.

- Leo Tolstoj

Mit diesem Buch erhältst du das unternehmerische Spezialwissen aus "The Millionaire Fastlane" von MJ DeMarco, welches ein System des Denkens beschreibt, mit dem du rasant schnell konkrete Handlungsschritte zu deiner finanziellen Freiheit entwickeln kannst und wirst. Diese brillianten Ideen werden mit den wirkungsvollsten Quintessenzen aus großartigen Büchern wie „Denke Nach und Werde Reich" von Napoleon Hill, „Rich Dad Poor Dad" von Robert Kyosaki und „Deal" von Jack Nasher verbunden und somit zu einer explosiven Gesamtrezeptur zusammengeführt.

Inhaltsverzeichnis

Du weißt mit diesen wenigen Seiten absolut alles, um binnen kürzester Zeit ein eigenes Produkt zu entwickeln, das sich exorbitant gut verkauft, um alle deine Träume wahr zu machen und ausgesorgt zu haben.

Geld? Das wird zeitnah nicht mehr von großer Relevanz sein, du hast es einfach. Für alles, was du willst und noch mehr.

„Dein Erfolg ist unser Erfolg."

- Freiheit JETZT!

Wir sind umso erfolgreicher, je besser wir es vermögen, dir bei der Erfüllung deiner Träume zu helfen.

Da es so prägnant und kompakt formuliert ist, kannst du dich jederzeit schnell an dieses Wissen erinnern, damit du auf deinem begonnen Kurs bleiben kannst. Lies diese Quintessenz mindestens ein Mal pro Monat, damit du die Inhalte verinnerlichst und dich immer wieder daran erinnerst – denn: Nichts verfliegt so schnell, wie nicht angewendetes Wissen. Und du sollst es anwenden und mit möglichst vielen Menschen teilen, denn:

>*„Das Geheimnis des Lebens liegt im Geben."*
>
>   – *Tony Robbins, Wayne Dyer, MJ DeMarco, . . .*

Die richtige Geisteshaltung eines Unternehmers setzt sich durch die Kombination der folgenden Zitate zu einem stimmigen Mindset zusammen:

"Wenn du es nicht einfach erklären kannst, hast du es selbst nicht richtig verstanden."

~ Albert Einstein

Mindset is Everything

-

Deine inneren Glaubenssätze sind alles.

„Alles hat mit einem Traum angefangen."

„Du kannst die Leiter des Erfolgs nicht mit den Händen in der Tasche erklimmen."

„Du hast nur 2 Möglichkeiten: Sei ein
Gewinner oder arbeite für einen."

„Helden werden gemacht, wenn
keiner hinsieht."

„Wenn der Plan nicht funktioniert,
ändere den Plan und nicht das Ziel."

„Ein Unternehmer wird nicht geboren,
er wird gemacht."

„Finde einen Weg. Wenn das nicht
geht, mach` dir einen."

„Nimm dir, was dir zusteht."

„Sei auf das Stolz, was du geschafft hast und sei ehrgeizig genug, um noch mehr schaffen zu wollen."

„Tu es Jetzt, bevor du bereust es nicht getan zu haben."

„Fehler sind das Tor zu neuen Entdeckungen."

„Gib dich nie mit weniger zufrieden, wenn du mehr verdient hast."

„Konzentriere dich auf deine Stärken, anstatt deine Schwächen auszugleichen."

„Grenzen existieren nur im Kopf."

„Am Ende bereuen wir nur die Chancen, die wir nicht ergriffen haben."

„Nichts ist stärker als eine Idee, deren Zeit gekommen ist."

„Verlierer reden über Gewinner und Gewinner reden über die Zukunft."

„Gib nicht auf. Der Anfang war immer das Schwerste."

„Was du heute tust, entscheidet, wer du in 5 Monaten bist."

„Vergiss niemals wofür du
angefangen hast."

„Reichtum ist die Zugabe zum
Erfolg."

„Nur weil es viele nicht schaffen,
heißt es nicht, dass du es nicht
schaffen wirst."

„Arbeite nie für dein Gehalt. Arbeite
für deine Vision."

„Es ist nicht das Geld das zählt, es ist
die Freiheit."

„Du kannst sitzen und zuschauen, wie
andere ihre Träume leben, oder du
kannst rausgehen und selbst deinen
Traum leben."

!! „Erst fragen sie dich, warum du das
machst. – Später fragen sie dich, wie
du das gemacht hast."

„Nicht am Ziel wird der Mensch groß,
sondern auf dem Weg dorthin."

„Wenn sie dir sagen, dass es
unmöglich ist, dann lass sie dir
zuschauen."

„Wenn du es nicht versuchst, wirst du
nicht wissen, ob du es geschafft
hättest."

„Habe niemals Angst davor, für das zu kämpfen, woran du glaubst."

„Arme Menschen denken, Geld sei ihnen nicht wichtig. Womit bezahlen sie ihre Wohnung? Ihr Essen? Ihre Freizeit?
Reiche Menschen wissen, dass Geld wichtig ist. Und schön."

„Geld ist extrem wichtig."

„Es geht nicht darum, der Beste zu sein. Sondern einfach nur besser zu sein, als man gestern gewesen ist."

„Das Geheimnis des Könnens liegt im Wollen. Wenn du willst, kannst du alles."

„Tu es, weil du es aus dem Herzen liebst, und das Geld wird folgen."

„Beginne mit dem Notwendigen, dann tue das Mögliche – und plötzlich wirst du das Unmögliche tun."

„Es ist keine Schande nichts zu wissen, wohl aber nichts lernen zu wollen."

„Nimm nicht das, was du kriegen kannst, sondern nimm dir das, was du haben willst."

„Denke immer an die, die dir hochgeholfen haben."

„Möglichkeiten passieren nicht, du musst sie erschaffen."

„Was du in anderen entzünden willst, muss in dir selbst brennen."

„Denke Positiv. Negativ denken kann jeder."

„"Raising Money" kommt auf ein gutes Produkt und ein gutes Team zurück."

„Ich war auf keiner Universität - nur die Leute, die für mich arbeiten."

„Alles kommt im richtigen Moment
zu dir. Hab Geduld und vertraue auf
den Prozess."

„Die wichtigsten Dinge im Leben
kann man nicht kaufen."

„Wie man ein Geschäft aufzieht: 1.
Nimm dir Zitronen. 2. Press sie aus. 3.
Mach sie süß. 4. Verkaufe das."

„Manchmal gewinnst du, manchmal
lernst du."

„Wie dich andere sehen, ist nicht
wichtig. Wie du dich selbst siehst, ist
das, worauf es ankommt."

„1. Setze ein Ziel. 2. Erzähle es der
Welt. 3. Erfülle deine Worte."

„Wenn du ein Champion sein willst,
dann musst du an dich glauben."

„Ab dem Moment, in dem du
Resultate siehst, geht der Spaß so
richtig los. :)"

„Die Person, die du in 5 Jahren sein
wirst, wächst aus dem Wissen heran,
mit dem du heute deinen Geiste
nährst."

„ „Misserfolg" ist lediglich eine
Gelegenheit, mit neuen Ansichten
noch einmal anzufangen."

„Erfolg kommt nicht einfach und
findet dich. Du musst losgehen und
ihn dir holen."

„Wird es einfach werden? Vielleicht.
Wird es das alles Wert sein?
Defintiv."

„Dein Geist ist ein Instrument. Lerne
ihn zu kontrollieren! Sei sein Meister
und nicht sein Sklave."

„Dein Wert basiert auf deinen
Inhalten."

„Denke groß und beginne klein."

„Investieren statt sparen."

„Der menschliche Geist kann alles vollbringen, woran er glaubt."

„Je mehr Menschen du dienst, desto mehr Geld sollst du haben."

„Erfolg passiert nicht über Nacht."

„Es ist okay, wenn dich manche Menschen nicht mögen. Nicht jedermann hat einen guten Geschmack."

„Montage sind nicht schlecht. Falls doch, ist es dein Job."

„Wenn du in etwas gut bist, wirst DU das Jedem erzählen. Wenn du in etwas großartig bist, werden das andere DIR sagen."

„Das Leben besteht zu 10% daraus, was dir passiert und zu 90% daraus, wie du darauf reagierst."

„Du würdest keine Affen in deinem Haus wohnen lassen. Warum in deinem Kopf?"

„I AM THE GREATEST. I SAID THAT EVEN BEFORE I KNEW I WAS." – Muhammed Ali

„Sie sagten mir, ich solle mir einen richtigen Beruf suchen. Jetzt fragen sie mich nach einem."

„Ich glaube, dass gute Dinge zu denen kommen, die etwas so hart wollen, dass sie nicht still sitzen können."

„Warte nicht auf Inspiration. Sei die Inspiration."

„Männer in Anzügen sehen sehr erfolgreich aus, bis du herausfindest, dass sie für die Männer in Pyjamas arbeiten."

„Wenn du heute aufgibst, dann war die ganze gestrige Arbeit umsonst."

„Vergleiche nicht dein 1. Kapitel mit dem 20. von jemand anderem."

„Jeder, der mir erzählt hat, realistisch zu sein, arbeitet immernoch 9-5 in irgendeinem Job, den er nicht mag."

„Du veränderst die Welt als Vorbild mit deinen Taten und nicht mit deiner Meinung."

„Eine gute Frau kann die beste Investition eines Mannes sein."

„Schulbildung lässt dich Geld zum Überleben verdienen. Eigenständige Bildung lässt dich reich werden."

„Alles was du jetzt tust, ist für deine Zukunft. Denk immer daran."

„Ein Mensch ohne Ambitionen ist wie ein Vogel ohne Flügel."

„Ich liebe meinen Chef. P. S. Ich bin selbstständig."

„Je Weniger einen bestimmten Weg gehen, desto wahrscheinlicher ist dein Erfolg."

So, und nun zünden wir DEINE goldene Rakete

3

2

1

.

.

.

BoOoM

Kapitel 1: Die Rakete wird gestartet

„Der Sinn des Lebens liegt nicht darin, sich so wie alle anderen zu verhalten, sondern auszubrechen und sich selbst als einen Helden zu entdecken."

~ Marcus Aurelius

In MJ DeMarco, dem Autor von „The Millionaire Fastlane", erwachte das brennende Verlangen einmal „reich" zu sein, als er als Kind einen Lamborghini, sein Traumauto, gesehen hat. Er fragte den Besitzer, der circa 25 Jahre alt war, wie er das geschafft hatte. Er war verblüfft und glücklich, als dieser nicht mit Rockstar oder reichen Eltern antwortete, sondern mit "Erfinder". Bis zu dem Augenblick, in dem er selbst einen solchen Lamborghini besitzen würde, war es ein langer Weg.

MJ schloss die Universität ab, die dafür steht, sich selbst möglichst attraktiv für den kommenden Arbeitgeber zu machen und permanent nach dem Gefallen von Vorgesetzten und Chefs zu streben, was er für einen verbesserungswürdigen Umstand hält. Im Alter von 26 Jahren verfiel er in eine Depression, nachdem er sich mit schlechten, unterbezahlten Jobs über Wasser gehalten hatte. Seinen ersten guten Job bekam er, als er die Website für verschiedene Firmen designte und innerhalb weniger Tage 1000 Dollar verdienen konnte. Trotzdem hatte er noch das Problem, dass sein Einkommen an eine zeitintensive Tätigkeit, die er wiederkehrend verrichten musste, gekoppelt war.

Es lässt sich grundsätzlich zwischen zwei Wegen zum Erfolg unterscheiden: dem „Schnecken-Weg" und dem „Raketen-Weg". Der "Schnecken-Weg" besteht aus 40 Jahren harter Arbeit als Angestellter und einer jährlichen 8%igen Rendite mit Investments am Aktienmarkt, die schlussendlich mit der Rente zu einem gewissen Vermögen führen.

Schnarch – Wo bleibt hier der Spaß und die Freude?

Zum Glück ist dieser Weg nicht der einzig existierende und notwendiges Übel. Man kann auch den „Raketen-Weg" **wählen**, welcher eine Methode / Denkstruktur ist, bei der man sehr schnell, sehr sehr viel Geld verdienen und schon in jungen Jahren zu einem großen Vermögen kommen kann. Dazu ist es notwendig, die Lehren der Schule und Gesellschaft zu vergessen, da die dort vermittelten Werte und Einstellungen für den "Schnecken-Weg" stehen. Würde das staatlich vermittelte Wissen tatsächlich zu Reichtum führen, hätten dann heute ganze 92% weniger als ein Drittel des gesamten Vermögens in Deutschland?

Wer schnell reich sein will, muss erkennen, dass die Denkstrukturen der Masse hinderlich zum eigenen Reichtum ist, diese verlernen und sich neue Einstellung aneignen. Reichtum ist dabei ein Prozess, kein plötzliches Ereignis und ergibt sich aus dem Zusammenspiel der 3 F`s:

Familie (Beziehungen)

Freiheit (Wahlfreiheit)

Fitness (Gesundheit)

Noch nie ist irgendjemand allein zu Erfolg gekommen, man braucht die Unterstützung von wichtigen Freunden, Verwandten und weiteren Kooperationspartnern. Ohne die unterstützenden Beziehungen schafft man nichts.

Dazu kommt die Freiheit nur noch das tun zu können, was man tun möchte. Man ist umso reicher, je mehr man selbst entscheiden kann, wie man seine Zeit verbringt.

Und schlussendlich ist alles nichts wert, wenn man nicht in gesunden Lebensumständen mit gesundem Körper und Geist lebt, welcher einen den wohlverdienten Reichtum genießen lassen kann.

Auf dem Weg zu Reichtum und Glückseligkeit ist das größte Hindernis übermäßiger Konsum.

Es ist nicht besonders klug, wenn man sich teure Autos, Häuser, Schmuck etc. kauft, wenn diese Käufe Einen dazu verpflichten, konstant und regelmäßig dafür zu bezahlen und Geld ausschließlich mit seiner Arbeitszeit zu verdienen. Klug hingegen ist es, dafür zu sorgen, Geld im Schlaf zu verdienen, ohne dafür aufstehen zu müssen.

Viele haben einschränkende Glaubenssätze rund um das Thema Geld. Diese lassen sich mit folgendem einfachen Zitat von MJ entkräften:

"Wenn Geld kein Glück kaufen kann ... kann es kein Geld?"

~ MJ DeMarco

Geld ist großartig! Geld gibt einem die Freiheit, früh morgens aufzuwachen und zu tun und zu lassen, was man möchte. Es gibt einem die Möglichkeit, ein Buch zu schreiben, völlig egal, wie oft es verkauft wird. Es gibt einem die Freiheit:

1. seine Kinder aufwachsen zu sehen,

2. seine verrücktesten Träume zu verfolgen,

3. einen Unterschied in der Welt zu machen,

4. starke Beziehungen herzustellen,

5. es erlaubt einem alles zu tun, was man tun möchte. Ohne darüber nachzudenken, wie die Rechnungen bezahlt werden.

All diese Vorteile machen einen höchstwahrscheinlich glücklich, sodass man Geld definitiv positive Eigenschaften zuschreiben kann und sogar sollte, wenn man außergewöhnliche Ziele erreichen will.

Geld darf NICHT als etwas „Schlechtes" angesehen werden, wie dies leider von sehr Vielen getan wird. Auch der Satz „Geld ist mir nicht wichtig." stößt Geld massiv stark von einem weg. T. Harv Eker schreibt in seinem Buch „So denken Millionäre", dass er jedem, der diese Einstellung äußert, sofort antwortet mit: „Du bist pleite!" und in 100% der Fälle Recht hat. Reiche Menschen verstehen, dass Geld sehr wohl wichtig ist. Wie will man seine Wohnung bezahlen, die Geschenke für seine Liebsten bezahlen, den Urlaub bezahlen, das Auto bezahlen, das eigene Essen bezahlen – ohne Geld? Geld ist wichtig! Es ist nicht alles, einfach wichtig.

Die gesellschaftliche Indoktrination aus den „20.00 Uhr Nachrichten" und der Schulbildung will uns dazu zwingen, zu glauben, dass wir reich sind, wenn wir konsumieren, um uns dieses Auto oder jenes teure Haus zu kaufen. Dabei ist es in den meisten Fällen so, dass uns die Zahlungen und Verpflichtungen für diese Statussymbole an unsere Arbeit fesseln und wir dafür unsere Freiheit aufgeben. Ein "armer" thailändischer Feldarbeiter, der täglich 4 Stunden auf dem Feld arbeitet und danach seine freie Zeit mit seiner Familie verbringt, ist reicher und freier als ein junger Unternehmensberater, der 60 Stunden oder mehr die Woche für seine Auto-Leasing-Raten und die Haus-Kredit-Zahlungen arbeiten muss.

Die wirklich teuren Dinge sollte man sich erst dann leisten, wenn es das Gleiche ist, sich einen Kaugummi oder einen Ford Mustang zu kaufen. Dann ist man wahrlich reich und frei. Dieser Reichtum passiert nicht als einziges glückliches Ereignis, sondern als die Folge eines Prozesses harter und konsequenter **Denk**arbeit, bei der man selbst die Verantwortung für alle Zwischenschritte übernimmt.

Kapitel 2: Der „Schnecken-Weg" genauer erklärt

Dazu eine Geschichte:

Zwei Pharao-Söhne sollen die Pyramide des Vaters bauen. Wer zuerst fertig ist, wird dessen Thronfolger und Herrscher über das gesamte Land. Der Eine beginnt sofort mit harter, körperlicher Arbeit und benötigt ein Jahr, um das Fundament der Pyramide zu legen. Bei seinem Bruder passiert im ersten Jahr überhaupt nichts. Er lacht ihn aus und ist sich sicher, dass er der Erste sein wird.

Ein weiteres Jahr vergeht und er hat die erste Etage der Pyramide fertiggestellt. Der Bauprozess wird immer langsamer und schleppender, da es immer schwerer für ihn wird, die großen Steine an die vorbestimmten Stellen zu heben. Bei seinem Bruder passiert noch immer nichts.

Im dritten Jahr taucht dieser dann plötzlich auf. Voller Staunen und Überraschen bemerkt er, dass sein Bruder eine Maschine konstruiert hat, die ihm die Arbeit in rasanter Geschwindigkeit abnimmt. Das Fundament der Pyramide ist in drei Wochen gelegt. Wofür der eine Bruder zwei Jahre gebraucht hat, braucht der Andere nur fünf Wochen. Der Bruder gewinnt schlussendlich die Nachfolge des Vaters und der andere stirbt, bevor er seine Pyramide jemals fertig stellen konnte. Das ist der Unterschied zwischen dem Schnecken- und dem Raketen-Weg.

Der Schnecken-Weg ist ein Job, bei dem man stupide einzelne Arbeitsschritte ausführt und man sein Leben fünf Tage die Woche in einem Job abrackert, um zwei Tage frei zu haben. Doch wie frei ist man an diesen zwei Tagen wirklich?

Ein weiterer Nachteil des „Schnecken-Weges" ist, dass man nur für die tatsächlich anwesende Zeit Geld bekommt. Wenn man nicht da ist - kein Geld. Dabei ist der Grenznutzen der eigenen Lernkurve sehr gering. Zu Beginn lernt man neue

Arbeitsabläufe, doch nach der ersten Lernphase wiederholen sich die gleichen Tätigkeitsprozesse wieder und wieder.

"Ein Job zwingt dich zu einer kriminellen Zeitverschwendung: Fünf Tage Lebenszeit für zwei Tage Freiheit. Ein Job beschränkt dich auf wenige Arten von Erfahrungen. Ein Job entzieht dir die Kontrolle. Ein Job zwingt dich, mit Menschen zu arbeiten, mit denen du nicht arbeiten möchtest. Ein Job bezahlt dich als Letzten (zuerst kommt der Staat mit seinen Steuern). Ein Job diktiert dir dein Einkommen. All diese Eigenschaften limitieren deine Aussicht auf umfassenden Reichtum."

~ MJ DeMarco

Der „Schnecken-Weg" mit Aktienfonds und jährlichem Investments bis man irgendwann reich in Rente gehen kann, ist ein falsches Versprechen einer Industrie, die einen zwingen will zu arbeiten und Zeit gegen Geld zu tauschen.

Die größte Gefahr geht von den falschen Annahmen der Gesellschaft aus, die uns in der Schule, den Medien und der Politik eingetrichtert werden. Ein Studium ist nicht zwingend notwendig, um viel Geld zu verdienen! Für ein Studium nehmen viele einen großen Schuldenkredit auf, der sie anschließend dazu zwingt, zu arbeiten.

-> Das geht auch anders.

Um den „Schnecken-Weg" zu verlassen, ist es wichtig, das Team zu wechseln:

Schnecken wurden darauf programmiert zu konsumieren – Konsum! Konsum! Konsum!

Gewinner programmieren sich darauf zu produzieren. Der „Raketen-Weg" beginnt mit intensiver Denkarbeit. Man erschafft ein System, das einem die Arbeit erleichtert, abnimmt und schlussendlich, auf die heutige Zeit übertragen, Geld produziert. Schlaue

Leute arbeiten nicht für ihr Geld, sie lassen es für sich arbeiten und entkoppeln ihren Verdienst von ihrer Arbeits- und Lebenszeit. Mehr dazu im folgenden Kapitel.

Kapitel 3: Der „Raketen-Weg" genauer erklärt

„Das Ziel ist es, ein System/Website/App/Service zu erschaffen, das viele Menschen nutzen, bei dem Du die Variablen kontrollieren kannst und dann an den Markt verkaufst."

~ MJ DeMarco

Es ist wichtig, ein Produkt zu haben, dessen Verkaufsvorgang komplett kontrolliert werden kann. Dazu gibt es folgende drei Rahmen-Variablen, die man gezielt steuert:

1) Conversion-Rate erhöhen

Wenn man ein Angebot hat, bei dem durchschnittlich 12 aus 100 Besuchern zu Kunden werden, dann hat man eine Conversion-Rate von 12%. Man schafft sich selbst eine Gehaltserhöhung, indem man die Conversion-Rate auf 13%, also 13 Kunden erhöht. Das kann schon enorme Auswirkungen haben, je nachdem, wie viele Besucher (Traffic) auf den Service kommen. Dies gelingt bei Online-Plattformen durch einfache Methoden. Ein neuer Verkaufs-Button? Eine andere Farbe? Ein neuer Verkaufs-Text? Einfache Änderungen sprechen möglicherweise schon überraschend viel mehr Menschen an.

2) Traffic erhöhen

Man kann einfach mehr Geld verdienen, indem anstelle von 10.000 - , nun 15.000 Nutzer auf den Service aufmerksam werden. Wenn die Conversion-Rate gleich bleibt, bedeutet das 600 weiterer Kunden. Dies erreicht man zum Beispiel durch PPC – bezahlte Werbung über Google oder Facebook.

3) Preis erhöhen

Wenn man normalerweise 5 Euro für den Service verlangt, kann man nun 5,50 Euro verlangen. Wenn die Conversion Rate und der Traffic gleich bleiben, ist das eine enorme "Gehaltserhöhung", ohne irgendetwas zusätzlich machen zu müssen.

Für einen Service, der passives Einkommen erwirtschaftet, gibt es verschieden gut geeignete Geschäftsfelder. Die besten Geschäftsfelder, die Geld einbringen, während man schläft, sind:

A: Immobilien

A-: Software, Internetfirmen

B+: Bücher

B: Produkte, die verkauft, bzw. Geschäftssysteme, die man franchisen kann

C: Firmen mit Angestellten: Angestellte kosten Geld, das von dem passiven Einkommen wieder abgeht. Sie müssen gemanagt werden. Das kann später notwendig werden, besser nicht zu Beginn.

Die beste passive Einnahmequelle bleibt selbst gespartes Geld, da hierauf Zinsen gezahlt werden. Wichtig ist auch, dass man sich mit der Besteuerung seines Einkommens auskennt. Einzelpersonen bezahlen viel mehr Steuern, als zum Beispiel Unternehmer.

„Die Steuergesetze sind von den Reichen für Reiche gemacht.“

~ Robert Kiyosaki „Rich Dad, Poor Dad"

Damit man sich mit all diesen Themen auseinandersetzt, braucht man eine brennende Begeisterung für etwas. Man braucht diese Leidenschaft für etwas Größeres, ein höheres Ziel. Dies ist für Jeden etwas anderes, doch wer seine Leidenschaft gefunden hat, der wird alles dafür tun. Es ist deshalb elementar wichtig, dass man sein "WARUM" kennt. Warum tust du das? Warum stehst du jeden Morgen auf? Warum den „Raketen-Weg" wählen? Was oder Wem willst du etwas beweisen?

Mögliche „Warum" sehen so aus:

- Ich will die neue Heizung im Elternhaus meiner Mutter bezahlen.

- Ich will jeden Morgen ohne Wecker aufwachen.

- Ich will ein Buch ohne Gelddruck schreiben.

- Ich will ein großes Haus in den Bergen mit einem Pool.

- Ich will einen Tesla.

- Ich will einen Unterschied machen.

- Ich will die Welt verändern.

- Ich will das Leben so vieler Menschen wie möglich so positiv wie möglich bereichern.

Eine Begeisterung schlägt den Satz "Tue was du liebst". Wenn der Fokus nur auf "Tue was du liebst" liegt, dann fokussiert man sich möglicherweise zu sehr auf sich selbst und missachtet oft, dass man die Bedürfnisse der Kunden in den Mittelpunkt stellen **muss**. Warum beginnt man dieses Geschäft? Nur weil man es liebt zu tun, oder weil es einen echten, realen Markt dafür gibt? Damit man mit "Tue was du liebst" Geld verdienen kann, muss man ein Kundenbedürfnis erfüllen und hervorragend, außergewöhnlich und exorbitant gut darin sein. **Umso weniger den Weg gehen, den man selbst zu gehen plant, desto leichter wird man reich.**

Man braucht also die Begeisterung für ein höheres Ziel, das ein Kundenbedürfnis erfüllt, welches möglichst viele Menschen haben. Dann lässt sich der Dienst skalieren. Die Skalierbarkeit ist ein Kernelement. Skalierbarkeit bedeutet, dass man ein Produkt, bzw. einen Service erstellt, mit dem man zunächst einen gewissen

Arbeitsaufwand hat (man quasi in Vorleistung geht), dessen Kosten sich dann in der Folge nicht mehr erwähnenswert erhöhen, egal ob man ihn an 5, 500 oder 50.000 Menschen verkauft.

Dabei ist es besonders wichtig, dass das Geschäft unabhängig von der eigenen tatsächlich aufgewendeten Arbeitszeit existiert. Das Produkt muss sich verkaufen können, egal ob man weiterhin etwas dafür tut oder nicht.

Kapitel 4: Befreie deinen Geist – Reichtum beginnt im Kopf

Die Einstellung zu den Dingen ist elementar. Wenn andere bei dem Blick auf einen Tesla denken "Den werde ich nie besitzen!", dann fragen sich reiche Menschen "Wann und wie werde ich ihn besitzen?", denn Geld ist unendlich vorhanden. Jeder kann so viel verdienen, wie er will und wie er sich vorzustellen gewillt ist. Grenzen setzt man sich nur selbst! Wichtig ist die innere Sprache, der innere Dialog: Nicht „versuchen" oder „glauben", sondern Ich entscheide! Ich mache! Ich bin!

Ein Millionär zu sein, bedeutet ein Stück weit anders zu sein, die Ausnahme zu sein und einfach anders zu denken, als die breite Masse. Je reicher und wohlhabender man sein will, desto bewusster muss man die staatliche, mediale, „gezielt arme" Indoktrination ablehnen. Diese sieht so aus:

„Steh` auf, arbeite von 9:00 bis 17:00, komm` Heim, iss, schau` Fern, geh` ins Bett und wiederhole das. Bevor du es realisierst, sind 40 schöne Lebensjahre unwiederbringlich weg. Zeit vergeht, Träume sterben und was bleibt? Ein alter Körper der darüber sinniert, was hätte sein können.“

!! Wach AUF !!

Um schnell reich zu werden, muss man so schnell wie möglich von der bloßen Konsumenten-Seite zu der Produzenten-Seite überzuwechseln.

Es gibt bloße Konsumenten (90%) und Produzenten (10%). Rate mal, welche Gruppe verdient mehr?

Konsumenten kaufen Produkte, sie konsumieren was da ist und geben ihr Geld immer wieder für Schnick-Schnack aus. Produzenten hingegen produzieren Produkte über Produkte, die von den Konsumenten konsumiert werden. Je mehr und je besser die Produkte, desto reicher der Produzent.

Wichtig ist dabei auch, sich möglichst mit gleichdenkenden Menschen zu umgeben. Diese sind selten und rar, da zu viele den Konsumten-Glaubenssätzen (unbewusst) verfallen sind. Diese Glaubenssätze sind Gift für exorbitanten Reichtum und aktiv zu vermeiden. Das bedeutet, dass man sich wahrscheinlich hier und da von alten Freunden trennen muss, da deren Energie, ihr Gejammer, ihre pessimistische Art einen selbst herunterzieht. Man will sich möglichst nur mit Lebensbejahenden, unterstützenden und positiven Menschen umgeben, um seine Zeit so angenehm und effektiv wie möglich zu genießen. Das wichtigste Gut, das es überhaupt gibt, ist unsere eigene Zeit. Einmal aufgewendete Zeit ist weg, gelebt und kommt niemals wieder. Ist es sinnvoll, seine Zeit in einer Schlange mit pessimistischen Menschen zu verbringen, um vielleicht mit einem 5 Euro Gutschein ein paar Euro zu sparen? Nein, die eigene

Zeit ist wertvoll und endlich. Reiche Menschen behandeln ihre freie Zeit als höchstes Gut, nur "geldarme" Menschen verbringen ihre Zeit mit TV, Serien und Computerspielen. Das mag hart klingen, doch es ist die Wahrheit.

Wie nun also seine Zeit sinnvoll verbringen?

Bildung ist elementar und sehr günstig. Viele denken, sie hätten nach der Schule, Ausbildung oder Universität ausgelernt. Nein. Bildung endet niemals. Kontinuierliche Weiterbildung ist der Schlüssel zum Erfolg. Und sie ist nahezu kostenfrei (In der Bibliothek bezahlt man 20 Euro pro Jahr und kann sich alle notwendigen Bücher für den eigenen Erfolg kostenfrei ausleihen. Vom Internet ganz zu schweigen, wo man alle notwendigen Informationen im Grunde kostenfrei erhalten kann). Das ist sogar die Krux. Viele scheuen sich, Geld in ihre eigene Bildung zu investieren. Dabei ist es viel teurer, kein Geld in die eigene Bildung zu investieren, denn nur die Ansammlung und Anwendung neuen Wissens macht einen reich. Sei bereit, in deine Bildung zu investieren oder bereite dich darauf vor, einen viel höheren Preis für nicht vorhandene Bildung zu bezahlen. Doch ich denke, diesen Punkt hast du mit dem Kauf dieses Buches bereits verinnerlicht. Du hast dich entschieden, dich konstant weiterzubilden – Glückwunsch! Willkommen im Kreise der Reichen!

Der Erfolg des „Raketen-Wegs" kommt nicht von einem Interesse für etwas, sondern von tiefgründigen Entscheidungen - von Commitments! Derjenige, der alles für sein Ziel tut und 24 Stunden an 7 Tagen der Woche für etwas brennt - Der kann sich sicher sein, dass glorreicher Reichtum seine Belohnung ist. Derjenige ist commitet. Die Hindernisse die auftreten, sind da, um die Schnecken aufzuhalten. Doch Raketen ziehen durch, egal was kommt und überwinden alle Hindernisse. Vergiss die Angst vor Fehlern. Es gibt keine Fehler. Sie sind eine wertvolle Erfahrung und auf ihre Art wichtig für den Erfolg und machen einen besser. Es ist leichter mit Fehlern zu leben, anstatt etwas niemals versucht zu haben.

Was wäre, wenn es kein Scheitern gäbe? Es gibt nur gewinnen!

~ Christian Arzberger

Verinnerliche diese Einstellung. Du kannst nur gewinnen. Und wenn du noch nicht hast, was du willst - mach weiter, bis.

Die "Eines Tages" - Sager erreichen niemals ihr Ziel. Eines Tages wird niemals kommen. Echte Gewinner machen aus "Eines Tages" heute! Jetzt! Es hat nie bessere Möglichkeiten gegeben, schnell reich zu werden, als Jetzt. Egal wie herausfordernd oder "unvollkommen" die gegenwärtige Situation erscheinen mag: Alles beginnt mit einem ersten Schritt. Der, der jeden Tag etwas für seinen Erfolg tut, egal ob kleine oder große Schritte, wird unausweichlich erfolgreich sein. Man ist sofort erfolgreich, ab dem Moment der Entscheidung, sich ein Ziel zu setzen und täglich etwas dafür zu tun. Man kann sich dazu sogenannte „Babysteps" vornehmen, die man sicher erledigt. Schlussendlich führt die Erledigung dieser zur Erreichung seines Ziels, da man jeden Tag etwas dafür tut, um näher an sein Ziel zu kommen.

Entscheide dich jetzt dazu, eine Rakete zu sein und durchzuziehen! Egal, was kommt. Es ist erst vorbei, wenn du dein Ziel erreicht hast und in Händen hältst, was du haben willst. Wer eher aufgibt, ist keine Rakete, sondern eine Schnecke. Wofür entscheidest du dich?

Schnecke oder Rakete?

Sascha ZV Reinhardt

Kapitel 5: Der Weg zu Ruhm und Ehre

„Um Millionen zu verdienen, muss man Millionen Menschen erreichen und deren Leben optimal erleichtern. "

~ MJ DeMarco

Geschäfte, die Bedürfnisse erfüllen, gewinnen. Geschäfte, die Werte erschaffen, gewinnen. Geschäfte, die Probleme lösen, gewinnen. Kunden interessieren sich nur dafür, was dein Geschäft für sie tun kann. Was bringt es ihnen? Was ist für sie drin? Wird es ihre Bedürfnisse erfüllen? Wird es sie weiterbilden, lässt es sie Geld sparen, macht es ihr Leben leichter, lässt es sie gut fühlen? Du musst klar sagen können, warum eine Person sein Geld ausgerechnet dir geben sollte. Welchen Wert erschaffst du in dem Leben der Anderen?

Um als Produzent zu gewinnen, muss man

54

verstehen, dass wir Menschen egoistisch sind und uns immer fragen: "**Was bringt mir das?**". Das Verständnis und die Adressierung der egoistischen Bedürfnisse des Kunden ist ausschlaggebend für deinen Erfolg. Ein Geschäft wird dann beginnen, Geld zu erwirtschaften, wenn der Produzent aufhört, an sich selbst zu denken und sich auf die Bedürfnisse der Kunden fokussiert. Zuerst Geben! Dann Nehmen. Am Anfang steht die Erfüllung von Bedürfnissen der Kunden und nicht das Geld. Um Geld anzuziehen, muss man es **vergessen** (!) und sich nur noch auf die Erfüllung von Bedürfnissen konzentrieren. So folgt das Geld automatisch. In einer egoistischen Welt muss man als Produzent anti-egoistisch werden und die Bedürfnisse unserer Mitmenschen beispielsweise auf eine dieser Arten erfüllen:

1. Erreichen, dass wir uns besser fühlen

2. Ein Problem lösen

3. Weiterbilden

4. Dafür sorgen, dass wir besser aussehen (Gesundheit, Kleidung, Ernährung, Make-Up)

5. Sicherheit geben (Immobilien, Gesundheit)

6. Eine positive Emotion verbessern (Liebe, Glück, Lachen, Selbstbewusstsein)

7. Bedürfnisse erfüllen, wie Appetit (Essen oder Sex)

8. Die Dinge erleichtern

9. Träume erweitern und Hoffnung spenden

....

Wenn du dich das nächste Mal fragst: "Wie kann ich Millionen Euro verdienen?", dann überlege dir, wie du einen Wert erschaffen kannst, der von Millionen Menschen gebraucht und verwendet werden kann. So wirst du das Geld automatisch mag(net)isch anziehen.

Es ist dabei auch besser, sich auf **eine** Unternehmung zu fokussieren - Monogamie anstelle von Polygamie im Geschäftsleben – und diese **abzuschließen**. So verirrt man sich nicht in zu vielen halben Ideen und Gedanken, sondern macht eine Sache richtig. So sieht es auch Derek Sievers (Buch: Anything You Want). Er sieht seine Produkte als kurzzeitige Experimente. Alles ist für ihn ein Experiment. Für ein Experiment setzt er sich bestimmte Zeitabstände, zum Beispiel zwei Wochen und kapselt sich komplett ab. Er ist dann im „Flow" oder „In the Zone". Das Resultat der zwei Wochen ist dann das neu geschaffene Produkt. Totaler Fokus auf **eine** Sache, die zwingend abgeschlossen werden muss.

---> Ohne Perfektion!

Kapitel 6: Wie man neue Geschäftsideen entwickelt

Zunächst die frohe Kunde: Es ist super leicht und viel viel einfacher, als einem von irgendwelchen „Experten" weiß gemacht wird. Ein Produkt zu erfinden und zu verkaufen ist dabei nicht zwingend ein bahnbrechendes Novum – im Grunde wird immer ein bestehendes Produkt genommen, leicht verändert und dann weiterverkauft. Ein guter Vodka in einer langweiligen Flasche? Schöne Flasche designen, eingängigen Namen drauf und fertig ist die eigene Erfindung bereit zum Verkauf.

Man muss einfach mit offenen Ohren durch die Welt gehen. Kritische Aussagen sind der erste Ansatz für ein neues verbessertes Produkt. Folgende Aussagen sind eine Goldmine:

"Ich hasse...."

Was hasst die Person? Löse diesen Hass und vor dir liegt ein offener Weg.

"Ich mag nicht..."

Was mag die Person nicht? Verändere das, was nicht gemocht wird zu etwas, das gemocht wird und vor dir liegt ein offener Weg.

"Das frustriert mich..."

Was frustriert die Person? Löse die Frustration und schon liegt da ein offener Weg.

"Warum ist das so?", "Muss ich das so machen?", "Ich wünschte, es gäbe...", "Mich nervt es, dass ...",

Finde eine Lösung für ein Problem der Masse und es ist dir garantiert, dass das Geld zu dir strömen wird. Was interessiert viele Menschen? Klickzahlen von Videos auf YouTube, hohe Google-Suchanfragen, Beschwerden der Tante um die Ecke...

Wichtigste Kernaussage: Löse zuerst anderer Menschen Probleme und du löst kausal deine eigenen „Geld-Probleme".

Neue Geschäftsideen zu entwickeln ist wirklich einfach. Der Wert entsteht nicht aus der Geschäftsidee an sich, sondern nur aus deren Umsetzung! Du brauchst ein paar konkrete Ideen?

Angenommen du bist Mutter und genießt dein Elternglück. Schreibe jeden Abend einen Tagebucheintrag, was der schönste Moment mit deinem Kind am heutigen Tag gewesen ist. Es mag nicht jeden Tag etwas großartiges passiert sein, an manchen Tagen allerdings schon. Nach 30 oder 60 Tagen nimmst du nur die besten Einträge her und bringst sie in ein Buchformat.

Titel: Tagebuch des Mutterglücks

Oder du überlegst dir ein Ziel, das du erreichen möchtest. Zum Beispiel willst du in 100 Tagen beliebter bei deinen Mitmenschen sein. Jeden Abend schreibst du auf, was du am heutigen Tag gelernt hast, um deinem Ziel näher zu kommen.

Titel: Beliebt sein – Von der Kunst bei meinen Mitmenschen einen positiven Eindruck zu hinterlassen, der bleibt.

Nutze einen 3D-Drucker, um komplett neuartige Produkte zu designen. Mit der Plattform Dawanda kannst du „Selfmade-Produkte" im Kleinformat testen, um sie mit dem folgenden Feedback zu verbessern und verbessern, bis sie in die Serienproduktion für den Massenmarkt gehen können.

Es gibt unfassbar viele Möglichkeiten. Auf diese kommst du, indem du dich selbst in Momenten der Stille fragst:

„Was macht mir Spaß?

Was fällt mir besonders leicht?

Worüber könnte ich stundenlang reden?

Womit würde ich gern im Gedächtnis meiner Mitmenschen bleiben?

In welchem Bereich weiß ich aufgrund meiner Vita und Interessen mehr als 90% der Bevölkerung?

Wie kann ich diese Expertise in ein Produkt transformieren?
Buch? Spiel? Dienstleistung? ... "

Schreibe deine Ideen auf. Vielleicht nicht nur ein Mal, vielleicht einen Monat lang 10 Stück jeden Morgen – Unter 300 Ideen ist garantiert nicht nur eine dabei, die das Potential hat, absolut genial zu sein. Formuliere sie in ein Ziel und setze sie um.

Punkt.

<u>Kapitel 7: Wie du eine erfolgreiche Marke, ein Image und ein funktionierendes Marketing gestaltest</u>

Viel wichtiger als das eigentliche Produkt ist dessen Vermarktung. Vergiss zunächst einen Businessplan schreiben zu müssen – Diese Ansicht ist überholt. Der beste Businessplan steht auf einer Serviette. Unternehmer starten meistens mit der Absicht, Produkt A zu entwickeln und enden damit, Produkt B zu verkaufen. Der Markt sagt ihnen, was verlangt wird und was nicht. Man muss sich immer am Feedback des Marktes ausrichten und darauf reagieren. Wenn man Venture Capital erhalten möchte, also Fremdkapital, externe Geldgeber, dann bringt einem der beste Businessplan nichts. Wichtiger ist es, so schnell wie möglich ein „Minimal Viable Product (MVP) ", also einen Prototypen des Produktes zu erstellen. Wenn dieser gut ist, dann können es die Geldgeber kaum erwarten, ihr Geld zu geben, weil sie sehen, dass das, was man tut, vielversprechend und potentiell ertragreich ist.

Beschwerden und Kritik geben dir die Richtlinien zur Verbesserung vor. Das ist das Feedback, das man aufnehmen, weiterverarbeiten und an ihm schlussendlich wachsen kann & **muss**. Die beste Marketingmöglichkeit ist die persönliche Empfehlung, da sie kostenfrei ist. Um diese zu bekommen, muss man mit seinem Produkt die Erwartungen der Konsumenten nicht nur erfüllen, sondern positiv übertreffen.

In seiner Geschäftspräsenz, der Aufmachung und Markenkommunikation, bietet es sich an, groß zu wirken, und klein zu handeln. "Max Mustermann Enterprises" klingt nach einer 1-Mann Unternehmung, also klein. Ein gut gewählter Firmenname wie „Microsoft" klingt nach viel mehr und ist dementsprechend besser.

Es ist extrem wichtig, eine Marke mit dem

richtigen Image aufzubauen. Die richtige Marke mit genialem Marketing kann trotz durchschnittlichem Produkt außergewöhnlichen Erfolg haben. Andersherum wird es sehr schwer.

Folgende sechs wichtige Schritte müssen bei der Produkt- und Marketingkommunikation immer beachtet werden:

Schritt 1: Nutzen kennen.

Was ist der größte und wichtigste Nutzen des Produktes? Dabei immer aus der Sicht des Konsumenten denken.

Schritt 2: Verwende starke, attraktive Verben und Adjektive

Es ist wichtig, das Produkt so attraktiv wie möglich zu beschreiben, um starkes Verlangen auszulösen und Außergewöhnlichkeit zu kommunizieren.

Schritt 3: Konkret sein und Bestätigung kommunizieren

z.B. Dominos Pizza: Wir liefern deine Pizza innerhalb von 30 Minuten - oder sie ist kostenfrei.

Schritt 4: Kurz prägnant klar

Je kürzer und konkreter, desto besser.

Schritt 5: Alleinstellungsmerkmal

Es ist wichtig, dass das Alleinstellungsmerkmal möglichst in allen Öffentlichkeitserscheinungen / Marketingmaßnahmen kommuniziert wird. Was macht das Produkt einzigartig? Was ist der besondere Wert?

Schritt 6: Liefere, was versprochen wird

Das Alleinstellungsmerkmal muss Aufmerksamkeit erwecken und die versprochene Leistung bestätigen.

Um Aufmerksamkeit zu bekommen, empfiehlt es sich seine Marketingstrategie an folgenden 6 Punkten zu orientieren:

1 Sie muss polarisieren.

Es muss eine harte, aufmerksamkeitskreierende, starke Message transportiert werden, die auffällt und einen aus der Reihe tanzen lässt.

2 Gehe Risiken ein

Sex sells - Eine Frau im Bikini erhascht unheimlich viel Aufmerksamkeit --- Sex sells sex sells sex sells

3 Erzeuge Gefühle

Wir Menschen kaufen Dinge, die starke Emotionen auslösen. Wir wollen Stolz, Erfolg, Einzigartigkeit, Adrenalin, Ruhm und Ehre → Anerkennung.

4 Kreiere Interaktion

Es erzeugt eine ungeheuer starke Kundenbindung, wenn deine Kunden mit deinem Marketing dazu motiviert werden, Dinge von sich selbst zu erzählen. Durch Fragen bringt man sie dazu, Dinge von sich preis zu geben. Das schafft Vertrauen und Bindung an deine Marke und damit dein(e) Produkt(e).

5 Sei unkonventionell

Man muss starke, schockierende Aufmerksamkeit generieren, um das Interesse der Kunden zu bekommen, womit schon die halbe Schlacht geschlagen ist.

(Beispiel dieses Buch) Die andere Hälfte ist das Herausstellen und Ansprechen des „Egoismus" der Kunden. Was bringt es ihm, Buch/Produkt/Service A zu konsumieren?

6 Was ist drin für den Kunden?

Gewinner geben den eigenen Egoismus auf und sprechen den Egoismus des Kunden an. Was bekommt er mit dem Produkt? Was ist sein Nutzen?

Als Konsumenten kaufen wir Dinge, um unsere Bedürfnisse zu stillen. Wir engagieren uns in Transaktionen, um Lücken, Nischen zu füllen. Man kauft sich nicht einfach eine Bohrmaschine. Man kauft sie, weil man ein Loch bohren möchte. Man kauft nicht einfach einen Toyota, sondern weil man Zuverlässigkeit haben möchte. Man kauft sich keine Freizeit, sondern möchte etwas erleben. Man kauft nicht einfach ein Kleid, sondern den Eindruck, den man damit vermitteln möchte. Man muss ein Problemlöser sein. Um anderen eine Dienstleistung schmackhaft zu machen, muss man die Eckpunkte des Dienstes in klare Vorteile des Kunden übersetzen. Dazu identifiziert man als Erstes, wer die Haupt-Käufergruppe ist und fragt sich: Was wollen sie? Was sind ihre stärksten Bedürfnisse? Wovor haben sie Angst? Welches Problem wollen sie gelöst haben?

Kapitel 8: Wie Raketen effektive Preise gestalten

Der Preis ist ein markenschaffendes Werkzeug, da er einen gewissen Wert implizit kommuniziert. Je höher der Preis, desto wertvoller wird der Inhalt eingeschätzt. Aus Marketingsicht ist es spitze einen extrem hohen Preis als Unverbindliche Preisempfehlung (UVP) anzunehmen, ihn durchzustreichen und den "vielleicht eigentlichen Preis" als guten Deal zu verkaufen. Das funktioniert sehr sehr gut, weil es ein in der menschlichen Psyche angelegter Wirkmechanismus ist – etwas hochwertiges zu einem rabattierten Preis zu bekommen.

Dies ist ebenso die Kernbotschaft des Buches „*DEAL*" von Jack Nasher. Der Preis von einem Produkt hängt weniger von der eigentlichen Qualität des Produktes ab. Vielmehr ist der Preis die Reflektion der Artikulations-, Begeisterungs- und Überzeugungsfähigkeit des Verkäufers. Will man den Preis eines Produktes erhöhen und folglich mehr Geld verdienen, muss man nicht zwangsläufig die Qualität des Produktes massiv erhöhen, sondern die eigene Verhandlungsfähigkeit verbessern. Das Schöne dabei ist, dass die eigene Verhandlungsfähigkeit sehr stark von dem eigenen Selbstwert abhängt. Je besser das Selbstwertgefühl, also je wertvoller man sich selbst einschätzt, respektiert und achtet, desto selbstbewusster kann man höhere Preise aushandeln und rechtfertigen. Wieder finden wir die Antwort auf alle Fragen in uns selbst und können die Umstände selbst kontrollieren.

"Verkauf ist die Fähigkeit, Begeisterung für eine Idee in potentiellen Nutzern zu erzeugen.

Man kann nichts in anderen entzünden, was nicht selbst in einem lichterloh brennt."

Kapitel 9: Abschließende Zusammenführung auf die wichtigsten Ideen

1. Formel

Reichtum ist eine Formel, ein Rezept, ein System aus Glaubenssätzen, Entscheidungen, Handlungen und Gewohnheiten, die einen Lebensstil kreieren. Reichtum ist ein Prozess, kein plötzliches Ereignis und folgt automatisch und unausweichlich, wenn man dieses Rezept findet, umsetzt und stetig verbessert.

2. Effectuation

Wer "Effectuation" verehrt, wird mit Reichtum und Wohlstand beehrt. Effectuation ist dabei schwer genau ins Deutsche zu übersetzen. Es sagt im Grunde aus:

*"Je mehr Menschen man in einer
kontrollierbaren Umwelt berührt, desto
mehr Geld verdient man."*

Inspiriere Millionen und verdiene Millionen.
Wer Bedürfnisse auf einer massiven Skala
löst, zu dem wird massiv viel Geld strömen.
Geld ist der Spiegel von Wert - der
Wertmesser eines Dienstes.

3. Bildung

Wahre Bildung **beginnt** mit dem
schulischen Abschluss. Verpflichte dich
dazu, niemals mit dem Lernen aufzuhören.
Was wir heute wissen, reicht nicht aus, um
zu den Menschen zu werden, die wir
Morgen sein möchten. Wir müssen nach
dem Raketen - Wissen streben, das uns
erklärt, wie man ein funktionierendes
Geschäftssystem erschafft. Gehe in die
Bibliothek und ins Internet. Information ist

der Treibstoff unserer finanziellen Reise.

Stelle sicher, dass du jeden Tag kleine Momente in der Bahn, während dem Training, während der Mittagspause oder eine Stunde täglich vor der Arbeit dazu nutzt, dir neues Wissen anzueignen.

Dies hört niemals auf.

4. Haben

HABE was andere WOLLEN und Geld wird in dein Leben strömen. Dies ist die Reflektion des Gebots des Bedürfnisses. Man kann sein Einkommen nicht explosionsartig ansteigen lassen, wenn man nur dem Geld nachjagt. Man muss aufhören Geld zu jagen und beginnen sich darauf zu fokussieren, was Geld anzieht. Und Geld wird von einem Dienst/Produkt/Dienstleistung magnetisch angezogen, das Probleme löst und Bedürfnisse erfüllt. Geld kommt vom Wert **geben**. Vergiss Egoismus und fokussiere dich darauf, das zu Haben, was andere wollen, brauchen, benötigen, wonach sie hungrig jagen und streben.

5. Belohne dich und Wiederhole das Ganze.

Vergiss nicht, dass du dich selbst für das Erreichen bestimmter Erfolge belohnen musst. Erstes Produkt fertig? Feiere eine Party! Geh Essen, rauche eine Sieger-Zigarre. 100.000 Euro Nettowert erreicht? Gönn` dir eine schöne Uhr, einen schönen Urlaub oder was immer du willst. 1 Millionen Nettowert erreicht? Kauf dir einen Tesla.

So, das war´s auch schon. Mehr theoretisches Wissen braucht man nicht. Einige Wiederholungen sind bewusst eingebaut, damit wir sie niemals wieder vergessen. Die wichtigste Aussage dieses Buches ist:

Um Millionen zu verdienen, musst man Millionen Menschen erreichen. Millionen Menschen erreicht man, indem man **schnellstmöglich** *vom bloßen Konsument (90% der Masse) zu einem Produzent (10%, exorbitant reiche Minderheit) wird.*

Vergiss zu Beginn Perfektion. Höre auf deine Intuition und innere Stimme. Konzentriere dich auf einen Bereich, in dem du aufgrund deiner Vorlieben, Interessen und Begeisterungen eine höhere Expertise als die meisten anderen Menschen hast. Starte so schnell es geht mit einem Produkt und verbessere es stetig.

Johann Wolfgang von Goethe sagte es so schön:

"Erfolg hat 3 Buchstaben: TUN"

Es gibt keinen alleinigen Weg zu Ruhm und Reichtum. Jeder Mensch ist einzigartig mit eigenen Talenten und Fähigkeiten. Jeder hat andere Interessen, für die es andere Tätigkeiten gibt, die zu ihm passen. Du kannst dir dabei sicher sein: Du hast bereits jetzt eine Expertise und Leidenschaft in etwas, das sich in ein Produkt überführen lässt, mit dem du sehr schnell finanziell frei sein kannst.

Steve Jobs sagte ganz klar, dass du nur darin eine Expertise entwickeln kannst, die es

Wert ist, von Millionen Menschen genutzt zu werden, von der du leidenschaftlich begeistert bist. Bedenke dabei immer: Das was dich von Steve Jobs, Tim Ferriss, Arnold Schwarzenegger etc. unterscheidet, sind keine Gene, Erbanlagen, oder irgendwelche unveränderlichen Gegebenheiten. Nein, es ist dein Denken. Mit deinen Gedanken erschaffst du dich und dein Leben selbst. Das Schöne ist, du kannst dein Denken kontrollieren und du kannst dich dazu bringen, nur noch vorwärtsgerichtete, optimistische Gedanken zu denken.

Des Buddha`s Worte werden dazu wahre Musik in deinen Ohren sein:

*„Achte auf deine Gedanken, denn sie
werden zu deinen Worten;
Achte auf deine Worte, denn sie
werden zu deinen Handlungen;
Achte auf deine Handlungen, denn sie
werden zu deinen Gewohnheiten;*

*Achte auf deine Gewohnheiten, denn
sie werden zu deinem Charakter;
Achte auf deinen Charakter, denn er
wird zu deinem Schicksal."*

Kontrolliere deine Gedanken mit dem richtigen Input, denn dein Morgen entsteht aus deinem heutigen Fokus.

Kapitel 10: Starte deine Rakete mit dem Königsweg!

Ein Ziel dieses Buches ist es, dass du nach dessen Studium schnellstmöglich zur Rakete werden kannst. Es gibt viele Wege und dieses Buch ist ein funktionierendes Beispiel. Bücher sind der optimale Ausgangspunkt der finanziellen Freiheitsreise.

Das Informationszeitalter hat begonnen – Dies ist der Beginn der geistigen Revolution.

Überlege dir dazu, was dir Spaß macht, worin du eine Expertise hast und schreibe darüber ein kleines Buch. In der Kürze liegt die Würze. Jeder kann ein Buch veröffentlichen und sich entspannt einen kleinen Nebenverdienst verdienen und je nach Qualität und Vermarktung des Buches, ausgesorgt haben. Einmal geschrieben, für immer da, bringt es immer ein regelmäßiges Einkommen. Angenommen, du schreibst ein

Buch mit einem Aufwand von 40 Stunden - 5 Tage zu je 8 Stunden. Dieses Buch bringt dir im ersten Monat nach seiner Veröffentlichung über 1000 Euro ein – das macht einen Stundenlohn von 25 Euro, der mit jedem weiteren Verkauf steigt, denn die aufgewendete Arbeitszeit steigt im Gegensatz dazu nicht mehr. Bücher sind die beste Möglichkeit eines passiven Einkommens, da sie Dank dem Internet, Amazon und anderer Anbieter ohne Startkapital realisierbar sind und je nach Qualität und Vermarktung des Buches extrem hohe Erträge generieren. Mit welchem Investment an der Börse kann man mit nahezu null Euro Einsatz monatliche Erträge in Höhe von mehreren Hundert, Tausend oder mehreren zehntausend Euro generieren?

Das Schöne an Büchern ist, dass man nicht von jetzt auf gleich das gegenwärtige Leben aufgeben muss, um nur noch das zu tun. Es ist ein Prozess, ein Entwicklungsprozess. Wer in einem Angestellten-Verhältnis arbeitet und gerne selbstständig und frei für sich sorgen möchte, der beginnt einfach mit einem Buch. Vielleicht ist dieses Buch sofort ein Bestseller, vielleicht bringt das Buch „nur" einige Euro im Monat. Egal, wichtig ist das, was man dabei lernt. Dann verbessert man das Buch, sodass es mehrere hundert Euro erwirtschaftet. Dann verbessert man die Vermarktung und schon verdient man mehrere tausend Euro passiv pro Monat. Oder man schreibt gleich ein zweites, ein drittes, ein viertes Buch und so weiter, welche man untereinander clever vernetzt.

Zunächst beginnt es mit einer kleinen Nebentätigkeit, die man täglich (!) hegt und pflegt. Der Anfang ist das Schwerste und erfordert die höchste Willenskraft. Hier muss jeder einfach durch und an sein Ziel glauben und weitermachen, egal ob es Tage, Wochen oder Jahre dauert. Mit der gleich kommenden VZP erhältst du eine Technik, mit der du diese Zeitspanne dramatisch verkürzt. Diese Technik ist das wirkungsvollste, das du jemals durchführen kannst. Verlasse dich auch immer auf dein inneres Gefühl, die eigene Stimme. Sie sagt einem, ob man auf dem richtigen Weg ist. Vertrauen, egal was andere herum sagen. Sobald man die ersten Resultate sieht, weiß man, dass es funktioniert. Ist der Stein ins Rollen gekommen, baut man Momentum auf. Ein Zug setzt sich zu Beginn nicht in Bewegung, wegen eines minikleinen Kieselsteines auf der Gleise. Doch ist er einmal ins Rollen gekommen, wird jeder Stein aus dem Weg geballert.

Je mehr Zeit man dann in diese Nebentätigkeit investiert, desto schneller und umfassender wächst sie, bis irgendwann der Punkt erreicht ist, an dem nie wieder irgendetwas anderes gemacht werden **muss**, was man nicht auch machen **will**.

„Nach über 200 Kalt-Akquise-
Zurückweisungen, erhielt Gründer XY
ein 1,2 Millionen Investment von
einem Billionär.
Gib niemals auf.
Niemals."

Kapitel 11: Die drei zentralen Praktiken der Raketen

Wäre es nicht schön, eine einfache Möglichkeit zu kennen, die dich garantiert zu deinen Zielen bringen? Mach dich gefasst, du erhältst sie nun. Diese Techniken sind ein Verbund der Kernbotschaften von unter anderem den Weltbestsellern „Denke Nach und Werde Reich", „Das seltsamste Geheimnis der Welt" und „The Secret".

Schritt 1
Setz dir ein Ziel. Dieses Ziel muss dich elektrisieren und dir eine Gänsehaut der Erfüllung verschaffen und dich morgens aus dem Bett springen lassen. Angenommen, du bist gestorben. Wofür sollen dir deine Angehörigen dankbar sein? Was ist dein Mehrwert, den du auf der Welt

nach deinem Ableben hinterlassen hast? Setze es dir als Ziel. Zum Beispiel: „Ich habe das Leben millionen Menschen mit meiner Fähigkeit … (z.B. des Schreibens) als … (z.B. Autor und Unternehmer) mit … (z.B. meinem ersten Weltbestseller) bereichert."

Es muss allerdings auch nicht so groß gewählt sein. Du willst finanzielle Freiheit von 2000 Euro passiv pro Woche mit einer Tätigkeit, die du liebst? Sehr schönes Ziel!

Schritt 2

Schreibe dein Ziel auf eine Karte. Auf die andere Seite schreibst du: „Ich bin und werde woran ich wieder und wieder denke." und fühle die Gewissheit, dass du dein Ziel garantiert erreichst. Warum? Weil wir zu dem werden, woran wir denken. Wir müssen zunächst nicht wissen wie, sondern nur wissen was. Durch wiederholtes Denken über dieses Ziel gesellen sich Stück für Stück die Gedanken zur Erfüllung dieses Ziels.

Schritt 3

Drucke dir dein Ziel auf ein A4-Blatt und klebe es an die Decke über deinem Bett. Jeden Morgen als ersten Gedanken siehst und fühlst du die Gewissheit, dass du dein Ziel erreicht hast. Jeden Abend als letzte Gedanken des Tages siehst und fühlst du die Gewissheit, dass du dein Ziel erreicht hast. So prägst du dein Unterbewusstsein, welches zu über 95% unser Leben steuert, am effektivsten. Es empfiehlt sich auch ein Notizheft auf deinen Nachttisch zu legen, damit du die Ideen, die dir Stück für Stück in den Geiste kommen, festhalten kannst.

Und nun die wirkungsvollste Technik überhaupt:

Die Vertragliche Zukunfts-Programmierung (VZP)

Diese Technik ist das wirkungsvollste, was jemals irgendjemand auf der Welt getan hat und nun kannst du sie anwenden. Diese Technik ist der RaketenTurbo für deinen Erfolg, weil sie alles miteinander verbindet. Sie steht in verstaubter, alter Form in "Denke Nach und Werde Reich" von Napoleon Hill. Elementar ist der erste Satz, der zwingend darin stehen muss. Dieser Satz sorgt dafür, dass die VZP JEDEN Tag angewendet wird und das, was wir jeden Tag anwenden und laut lesen, garantiert den Erfolg. Schreibe dir alles was du jeden Tag wissen willst, deine höchsten Erkenntnisse anhand des Beispiels, das dir gleich gezeigt wird rein. Schreibe dir alle Praktiken, die förderlich für deine Entwicklung, deine Ziele, deine Wünsche, deine Beziehungen und alles andere mit rein. Der erste Satz lautet wie folgt:

Vertragliche
Zukunftsprogrammierung - VZP

"Ich bin sooo froh und dankbar dafür, dass ich diese geniale VZP **JEDEN** Morgen sofort als Erstes und **JEDEN** Abend als Letztes vor dem Visionieren meiner Zielzustände FÜR IMMER LAUT lese, auswendig lerne und umzusetze – Weil es das Genialste Überhaupt ist."

Und dann folgen weitere Sätze, die individuell auf dein Leben und deine Wünsche abgestimmt sein sollten, je nach dem, an was du dich täglich erinnern willst, oder welche Praktiken du täglich durchführen möchtest. Zum Beispiel nach diesem Muster:

"Ich bin sooo froh und dankbar, dass

ich täglich meinen liebevollen, großzügigen und unterstützenden Mitmenschen das Gefühl gebe, erfolgreich, besonders und wertgeschätzt zu sein – Weil ich gerne in Liebe, liebevoller Gemeinschaft und liebevoll sexuellen Beziehungen lebe."

Zum Abschluss kannst du diese Überleitung zur Planung des Tages/der Woche/des Lebens einfügen:

"Ich bin sooo froh und dankbar, dass ich Jetzt meinen heutigen Tag plane:

1. Inklusive Sport, Schreiben, Lesen, Video drehen, großartige Menschen treffen, Geld verdienen, Meditieren, leckerem Essen, Leben genießen, glücklich sein und mich millionenfach mit meinen Zielen selbst verwirkliche."

Da kannst du alle Aktivitäten nochmal auflisten, die du gerne in deine Tage mit einplanen möchtest. Bedenke, was du nicht einplanst, findet nicht statt :)

Zum Abschluss, der wichtigste Part, welcher das Ganze zu einem extreeem wirksamen Werkzeug macht, da es dich dazu verpflichtet und einen innerlichen Sog zu den Dingen entwickeln lässt, folgt deine Unterschrift. Das, was wir mit unserer Unterschrift besiegeln, wird verbindlich in unserem Leben und daran halten wir uns.

Unterschrift _____ _____

_____ _____ _____

_____ _____ _____ _____

_____ _____ _____

_____ _____ _____

Unterschreibe es jedes Mal, wenn du es liest. Keine Sorge, dass das Blatt irgendwann voll sein wird. Du wirst es wahrscheinlich schon viel eher wieder erneuern, da dir bei jedem Durchlesen weitere Verbesserungsideen" einfallen. So bindest neue Erkenntnisse in deinem Leben aktiv an dich und vergisst sie niemals wieder.

Hänge diese Liste neben dein Bett und lies sie laut und unterschreibe sie täglich, für den Rest deines Lebens.

Mit dieser Praktik gewinnst du das Spiel des Lebens rasant schnell.

Vertraue, dass dies funktioniert. Ich garantiere dir, dass dies funktioniert. Vielleicht nicht von Heute auf Morgen. Auch Rom wurde nicht an einem Tag gebaut. Erfolg ist kein Ereignis, es ist ein Prozess. Wenn du mehr über die Wirkmechanismen unseres Geistes wissen möchtest, insbesondere im Bezug auf Geld, dann freue ich mich, dass du in der Veröffentlichung: „GeldMAGNET+ - Geld mag(net)isch anziehen" weitere

Hinweise finden wirst. In diesem Buch geht es noch mehr um das immer wirkenden Gesetz der Anziehung, um Ursache und Wirkung und wie man dies im Bezug auf Geld effektiv und erfolgreich nutzt.

Ich danke dir für deine Aufmerksamkeit und wünsche dir von Herzen alles Gute!

Du, viele Andere und wir würden sich sehr freuen, wenn du eine ehrliche Bewertung auf Amazon schreibst. Bedenke dabei, je ehrlicher und authentischer deine Bewertung, desto mehr Menschen finden dieses Buch attraktiv und desto höher steigt der Preis und für dich die Möglichkeit, dieses Buch mit Gewinn weiterzuverkaufen ;) Außerdem sorgst du für gutes KARMA, wenn du anderen mit deiner positiv motivierenden Bewertung hilfst, einen Raketen-Weg zu wählen und gemeinnützige Produzenten im Interesse aller zu werden. Vielen Dank dafür, du wertvoller Freund im Kreise der Freiheitsliebenden :)

Gehe Jetzt Auf Amazon -
Tippe "BoooM" in die Suchleiste -
Teile deine Erfahrung mit Allen!

http://amzn.to/2jdjwKz

<u>Quellen</u>

Jack Nasher - „DEAL"

Campus Verlag; Auflage: 1 (14. Februar 2013), 272 Seiten
http://amzn.to/2ju2CEJ

Napoleon Hill - „Denke Nach und Werde Reich"

Ariston (13. Februar 2006), 272 Seiten
http://amzn.to/2kf8wuu

Robert Kiyosaki - „Rich Dad, Poor Dad"

FinanzBuch Verlag (10. November 2016), 240 Seiten
http://amzn.to/2jtYswR

Robert Cialdini - „Psychologie des Überzeugens"

Hogrefe, vorm. Verlag Hans Huber; Auflage: 7 (8. März
2013), 400 Seiten http://amzn.to/2kcxahf

und natürlich, als Hauptbestandteil

MJ DeMarco - „The Millionaire Fastlane"

Verlag: Viperion Publishing; Auflage: 1 (4.
Januar 2011) 340 Seiten
http://amzn.to/2ju5CB7

Haftungsauschluss

Dieses Buch darf in keinster Weise – auch nicht auszugsweise – ohne schriftliche Zustimmung des Autors kopiert, übersetzt, reproduziert oder zu ähnlichen Handlungen benutzt werden.

ISBN: 1546898891

ISBN-13: 9781546898894

Impressum

Sascha Reinhardt
Papyrus Autoren-Club
R.O.M. Logicware GmbH
Pettenkoferstr. 16-18
10247 Berlin